# ÉPITRES

# AUX FEMMES D'EUROPE

## A LA JEUNESSE STUDIEUSE

### PAR ROBERT DUTERTRE

PRIX : 50 CENTIMES

CHEZ TOUS LES LIBRAIRES

LE MANS

IMPRIMERIE-LIBRAIRIE BEAUVAIS, PLACE DES HALLES, 19.

1869

# ÉPITRES

# AUX FEMMES D'EUROPE

## A LA JEUNESSE STUDIEUSE

**PAR ROBERT DUTERTRE**

PRIX : 50 CENTIMES

CHEZ TOUS LES LIBRAIRES

LE MANS

IMPRIMERIE-LIBRAIRIE BEAUVAIS, PLACE DES HALLES, 19.

1869

# AVANT-PROPOS

Nous avons eu surtout pour but, dans les deux pièces de vers que l'on va lire de défendre l'État et les Établissements laïques de l'enseignement supérieur contre les attaques furibondes de l'épiscopat tant au sénat que dans les chaires des cathédrales. Nous n'avons pas besoin d'ajouter que nous n'attaquons pas la religion dans son principe mais seulement dans ses abus et son empiètement sur le pouvoir civil.

R. D.

# AUX FEMMES D'EUROPE

Tourmenté d'idéal, possédé de son rêve,
Un peintre audacieux essayant de peindre Ève
Au début dans sa main sent trembler le pinceau.
Du chef-d'œuvre de Dieu comment faire un tableau,
De sa seule beauté vêtir la grâce nue
Avec un désir vague à sa lèvre ingénue ?
Il ne peut pas avoir, en traçant ces contours,
Recours au trompe-l'œil, aux séduisants atours.
Le divin se refuse aux vaines draperies
Et n'empruntera rien à l'art des théories.
On peint une Judith, une Fornarina ;
Mais cette Ève de Dieu qui donc la dessina !

Ainsi, bien qu'en mon cœur un noble éclair s'allume,
Voulant peindre Ève aussi je sens trembler ma plume.
Je fais cet humble aveu que trop rude est ma main
Et que je peux froisser ce beau chef-d'œuvre humain.
Mais puisqu'Ève est charmante, et que je le proclame,
En elle je voudrais voir briller plus de flamme.
Mesdames, pardonnez ; commençons, je le dois ;
La vérité, peut-être, est au bout de mes doigts.
C'est dans votre intérêt que je suis psychologue,
Vous pourrez en juger quand viendra l'épilogue.

C'est un joli joujou, la femme d'aujourd'hui.
Que doit-elle être ? — une âme — ainsi le veut Duruy.
Toute jeune on la dresse à la pose scénique ;
C'est de l'art appliqué sur une mécanique,
Ensemble de ressorts, de ficelles, de trucs,
De maquillage même, avant les jours caducs.
De mille riens coûteux pouvoir être attifée,
Voilà son idéal, sa gloire, son trophée.
Hélas ! passer ses jours à changer de chiffons,
C'est se mettre plus bas que les anciens bouffons
Et, sans avoir comme eux face laide et camuse,
Se faire le jouet dont l'homme-roi s'amuse.
De l'idole il se dit l'esclave subjugué
Afin de l'enivrer d'un encens prodigué,

La nomme à deux genoux ou sa reine ou son ange
Et l'asseoit dans le ciel, loin de l'humaine fange,
Sur un trône d'opale et d'onyx précieux.
Mais il la tient bien loin des conseils sérieux,
De tout Cénacle où seul il monte à la tribune,
Des emplois de l'État, des postes de fortune,
Des foyers du savant qui scrute un grand projet,
Des chaires où l'esprit traite un noble sujet;
Et pour mieux l'entraîner à des pentes fatales
Il ôte de ses mains le feu pur des Vestales.
Or, la frivolité, c'est le pire venin
Qui se puisse infiltrer dans le cœur féminin.
La jeune fille en fleur contient déjà la mère ;
Quel fruit sain pourrait donc naître d'une chimère?
C'est le savoir qui seul s'impose au genre humain ;
C'est la pensée au front qu'on se fraye un chemin.

D'un coup d'aile avec moi franchissez l'Atlantique;
Abordez sans frayeur la grande République;
C'est là que dans tout rang la femme est apte à tout,
Côte à côte avec l'homme et comme lui, debout,
Dans les sentiers divers s'avançant son égale
Et non pas son infime esclave conjugale.
Dans les forums publics, meetings américains,
L'homme et la femme sont deux grands républicains.
On n'a donc pas voulu poser une barrière
Fermant au sexe imberbe une illustre carrière.
Il est dans les cités des femmes médecins
Sans qu'on voit pour cela que les corps soient moins sains.
Ainsi que la Matrone en l'antique Italie,
De moelle de lion plus d'une Cornélie
Nourrit ses jeunes fils qui, tribuns convaincus,
Seront peut-être un jour d'autres bouillants Gracchus.

Quelle est votre lignée à vous, folles duchesses ?
Du devoir maternel, par le droit des richesses,
Vous vous affranchissez, alors qu'il vous déplaît.
Vos fils n'ont rien de vous, pas même votre lait.
Vous craignez de gâter une forme mignonne
Et vous laissez tout soin à quelque bourguignonne,
Pauvre fille des champs, objet de vos dédains.
Et ces fils, vous voulez qu'ils soient des paladins !

Vice ou vertu, virus, au hasard, pêle-mêle,
Passeront à l'enfant. Oh! de quelque femelle
Mieux vaudrait traire un lait frais, pur et nourrissant,
Quand on ne peut aux siens donner son propre sang.
Mon blâme, je le sais, ne vous importe guère;
Aussi je veux citer un exemple vulgaire
Utile à méditer : voici des lionceaux
Dans un fond de caverne aux sauvages arceaux,
Essayez de voler quelqu'un d'eux à leur mère;
Vous l'entendrez bientôt rugir avec colère;
Elle fondra sur vous en de terribles bonds
Et ses yeux flamboyants comme d'ardents charbons
Glaceront votre sang arrêté dans la veine,
Et sa gueule écumante et sa brûlante haleine
Saisiront tous vos sens d'une telle stupeur
Qu'inerte, sans défense, et l'âme ivre de peur,
Vous vous évanouirez, quand aux chairs du visage
Dix griffes à la fois plongeront avec rage.
En ce suprême instant de votre châtiment
Sans doute vous aurez compris le sentiment
Qui fait crisper la griffe et tripler les morsures
Jusqu'à ce que la mort entre par les blessures.

Vous, vous vous détournez quand part le nourrisson!
Plus de maternité! vous payerez rançon
Pour ce pauvre être frêle, innocente victime,
Qui trouve au seuil du monde, échange illégitime,
Le cœur d'une étrangère où son doux front vermeil
Cherchera l'oreiller de son premier sommeil.
L'enfant parti, déjà vous pensez aux chimères,
Aux fêtes, aux plaisirs; vous n'êtes pas des mères!
Car vous oublirez vite en un fol entretien
De notre humanité le plus sacré lien.
Quoi! vous ne sentez rien au fond de vos entrailles!
Une voix ne sort pas du plafond, des murailles,
Pour vous crier : pitié pour ce blond chérubin!
Demain peut-être, hélas! en un ays lointain,
Par d'autres mains couvert de quelques roses blanches
Non plus dans son berceau, mais entre quatre planches,
On le verra porter dans le champ des cyprès
Au bras d'un fossoyeur, ivre un instant après,

Et qui n'aura pas mis, tant cette mort est vaine,
Une branche, à défaut de quelque croix d'ébène,
Pour reconnaître, un jour de recueillement saint,
Le petit trépassé sorti de votre sein (1).

Mais puisque vous voulez imiter la lionne
Ayez-en donc l'instinct; que votre sang bouillonne
Comme le sien auprès de ses chers lionceaux.
L'amour est-il dans l'antre et non près des berceaux?
Faut-il que la nature, ô femmes trop altières,
Vous mette sous les yeux les races forestières
Dont les mœurs sont pour vous des reproches sanglants
Quand l'amour maternel est éteint dans vos flancs.

Ils forment un tissu, les devoirs de la femme,
Fort et solide, quand le cœur en est la trame,
Et que toujours l'honneur, au seuil de la maison,
En gardien vigilant, veille avec la raison.
Mais si l'esprit est mort, l'âme mal enseignée,
Cette trame ressemble aux toiles d'araignée.

La foi sans la raison c'est l'image des mers
Où le navire roule au gré des flots amers ;
Sans savoir qui l'emporte, esquif frêle et docile,
Il court avec la vague, et vain jouet, oscille.
Ainsi, poussée aux vents des superstitions
Telle femme, en perdant du vrai les notions,
Va, le délire au front, bigote et non chrétienne
Consulter la sibyle au verset d'une antienne.
Rarement elle ira seule dans le saint lieu ;
On ne fait point visite à l'invisible Dieu.
Mais il faut qu'en public, en brillant équipage,
Pour son porte-missel ayant un jeune page,
Elle arrive et se montre avec un tel éclat
Qu'elle éblouisse tout, la foule et le prélat.
Toute la grande affaire est d'être remarquée ;
Car un temple chrétien n'est pas une mosquée.
Oh! s'il fallait, Madame, ici cacher vos traits,
La justice aurait bien à rendre des arrêts ;
Mais, Dieu merci, ce n'est ni la loi ni la mode
Et la religion de bien moins s'accommode.

(1) Il est prouvé que la perte des enfants en nourrice est de 35 sur 100.

Avant d'aller au Ciel, femmes, dans nos cités,
Fréquentez quelque peu les universités.
Croyez aux droits humains un peu plus qu'aux mystères
Et l'on verra peut-être un peu moins d'adultères ;
Car l'âme qu'on façonne à la crédulité
Peut manquer de ressort contre l'impureté.

Les moissons du savoir germent aux cours d'adultes
Et la science vraie a là ses premiers cultes.
Rome mit l'interdit sur le libre examen ;
A chaque litanie on dut repondre amen.
Mais il est temps qu'enfin la raison intervienne,
Car l'erreur est impie et non vraiment chrétienne.
Un labyrinthe obscur serpentait au cerveau,
Et le fil d'Ariane était un écheveau,
Lorsqu'un sublime esprit, plus sage qu'un prophète,
A nouveau révisant l'histoire contrefaite
Au livre des Védas trouva le premier Christ,
Le Verbe tout entier dans un dogme sanscrit
Et montra Rome et pape et docteurs de Padoue
Puisant leur origine à cette bible indoue.
La planète elle-même en nous ouvrant ses flancs
Fait remonter son âge à plus de cent mille ans,
Et prouvant, au lieu d'un, de très-nombreux déluges,
Contredit la Genèse et tous les divins Juges.
N'en déplaise au célèbre et fougueux Dupanloup
Qui, toujours foudre en main, croit frapper un grand coup,
Et faire un monopole aux couvents d'Ursulines,
Traitant tout autre lieu d'école aux Messalines,
La science a bien droit d'avoir sur ses genoux
Notre fille chérie, autre moitié de nous.
Mais tout dévot combat avec ce chef illustre ;
Tel, en style éclatant, tel, en prose de rustre.
Il n'est pas dans ces temps jusqu'à l'obscur W...
Qui ne donne carrière à son accent picard
Et ne s'avise aussi de rouler son tonnerre
Afin de prévenir l'ouaille débonnaire
Que l'anti-Christ prenant les traits d'un franc-maçon
A fait de la morale une contre façon.

Ainsi que Légouvé, je suis aussi des vôtres,
Femmes de l'avenir. Comme certains Apôtres,

Nous ne vous mettons pas sur un lit de gravier
Pour appuyer sur vous le milieu du levier
Et faire basculer tout humain édifice
Au profit des autels dressés à l'artifice (1).

La faiblesse est en vous non pas par le cerveau
Ni par l'injuste loi d'un mensonger niveau
Qui veut que l'homme soit toujours au premier plan ;
Mais, bien que vous soyez capables d'un élan
Qui vous ferait franchir ces iniques barrières,
Vous-mêmes, vous mettez votre aile en des lisières.

Bigotisme sournois ! paganisme éhonté !
A la Vierge Marie, à Vénus Astarté,
On rend un double culte. Ardentes sous leurs tresses,
On voit courir au bois les modernes prêtresses ;
Et plus d'un corybante en costume élégant
Pour les suivre de près monte un coursier fringant.
Caché dans les massifs le cynique Priape
Sourit de voir jouer un si bon tour au Pape.
Puis, quand viennent le soir les somptueux galas
La Bacchante du jour dîne entre deux prélats.
Elle encourra, s'il faut, les flammes éternelles
Pour frôler sa guipure aux fines soutanelles.
Mais comme le salut de l'église en dépend
Chaque prélat bénit la femme et le serpent.
L'intrigue ainsi se mêle aux vertus de parade ;
Le cœur est un rébus, l'amour une charade.
Si de tant d'élégance on gratte le vernis
On ne trouve en dessous que vices infinis.
L'austère foi devient mondaine et chimérique ;
Le plaisir seul est Dieu dans ce siècle hystérique,
Et cela fait songer, image de dégoût,
Que ce Paris si beau recouvre un vaste égout.

A vous donc l'avenir, jeunes filles bourgeoises,
Si vous souvenant mieux des horreurs albigeoises
Et fermant votre oreille aux vieux inquisiteurs
Vous ouvrez votre esprit aux savants novateurs.
Mais de grâce quittez vos airs de Cléopâtre
Et ne rêvez pas tant d'un mari gentillâtre.

(1) Gesù romain.

La roture a des noms qui sont plus glorieux
Que bien d'autres laissés par de nobles aïeux.
Pourquoi tels noms flétris, en passant sur vos lèvres,
Vous causent-ils au cœur ces vaniteuses fièvres ?
C'est que vous ignorez l'histoire de ces noms.
Oh ! qu'en l'illustre chaîne il est de vils chaînons !
Tel titre fut acquis à tel ancêtre chauve
Parce qu'un soir le prince entra dans son alcôve ;
Par contre, tel valet fut nommé chevalier,
Pour avoir en passant par un sombre escalier
Éteint dans un baiser la flamme adultérine
Qui dévorait le cœur de quelque Catherine.
D'autres furent créés ou comtes ou barons
Pour s'être inféodés aux modernes Nérons,
Ou bien, vils espions, chevaliers d'industrie,
Pour avoir à propos su trahir la patrie.

Tel hymen n'est au fond que prostitution
Quand tel autre serait une illustration.
Ayez donc du bon sens ; soyez du diocèse
Où Sainte-Beuve érige une chaire française.

L'âme comme le corps a besoin d'un effort
Et mieux que le destin chacun se fait son sort.
Oui, tant que vous serez un papillon qui vole,
Une fleur, un désir, un jeune amour frivole ;
Tant que ne battra pas, sous la neige du sein,
Une grande âme, ardente à tout noble dessein,
Tant que vous n'aurez rien des passions puissantes
Qui rendent l'œil brillant et les chairs frémissantes ;
Toujours en vous parquant en des devoirs étroits
L'homme vous dénîra vos légitimes droits.
Vous devez conquérir et prendre votre place
Au grand soleil du monde. Alors fondra la glace
Qui sous son poids épais tient vos cœurs engourdis.
Pour ici-bas sans fin rêver du paradis
Dieu ne vous créa pas la compagne de l'homme.
Ne vous contentez plus d'être un brillant atome ;
Apprenez tout ce qui par vous peut être appris ;
Dans la science et l'art disputez tous les prix ;
Alors ce ne sera plus par pure flatterie,
Cet ordinaire piége à la coquetterie,

Que les savants seront devant vous découverts.
C'est qu'en vous la raison aura les yeux ouverts,
Et qu'il n'existera plus de folle Aspasie
Qui promène en un char sa vaine fantaisie ;
Et Louise Colet et notre Georges Sand
Auront lignée aussi dans leur illustre sang.

Que la femme ne soit ni le démon ni l'ange,
Mais la fière amazone en l'humaine phalange ;
Que par les cours publics et par les facultés
Elle obtienne ses droits aujourd'hui contestés.
En prenant le chemin de la vieille Sorbonne
Moins peut-être ira-t-elle aux lieux où l'on sermonne ;
Sous le fermoir d'argent dormira son missel ;
Oui, mais elle ouvrira le livre universel
Où le texte, aussi bien que dans tout Évangile,
Enseigne à préserver une âme trop fragile.
La morale est à tous comme l'air et les flots ;
Nul clergé ne la peut tenir en vase clos,
Pas plus qu'il ne saurait avoir l'outrecuidance
De soumettre à sa loi la sainte Providence.
Dieu ne peut abdiquer et mettre un tel mandat
Entre les faibles mains d'un prêtre ou d'un soldat.

Sur ce vieux continent ouvrons partout l'école
Si nous voulons revoir Corinne au Capitole ;
Et pour que l'avenir hausse l'humanité,
Que la femme grandisse avec la liberté.

# A LA JEUNESSE STUDIEUSE

Non loin de ces palais où des vieillards peureux
Veulent briser l'essor des esprits généreux,
Où, pour tout obscurcir, de divins aruspices
Mettent un drapeau noir à tous les frontispices
Et d'un fantôme vain agite les grands bras
Pendant que de ce monde ils font sonner le glas,
Il est une tribu, jeune race au font grave,
Impatiente au joug, rebelle à toute entrave,
Sachant donner son sang dans les jours de danger
Et comptant pour aïeux ceux qu'un fer étranger
Moissonnait à vingt ans, au déclin de l'empire,
Beaux de ces dévouements que la patrie inspire
Et si fiers, si vaillants que nos vieux généraux
Sur les buttes Chaumont les proclamaient héros.
Espoir de l'avenir, jeunesse des écoles,
Elle hait par instinct tous les vieux protocoles,
Et la diplomatie, art de piper les sots,
Aux remparts du passé livre d'ardents assauts,
Veut vivre en liberté, ne connaissant pour maîtres
Que les nobles savants et méprisant les traîtres
Acclame Sainte-Beuve et les princes de l'art
En conspuant le nom du fourbe M***.

Importé de l'Asie en ce petit royaume
Le vieux rameau gaulois y garde son arôme.
Bien mieux que le laurier ou que la fleur de lys
Il renaît des vieux troncs les mieux ensevelis.
Ce n'est pas dans ces lieux que l'âme se déprave;
Autour du mont Latin on ne voit point d'esclave;
Et comme à l'Acropole, au pied du Parthénon,
Le jeune Athénien y rêve d'un grand nom.
Fleuve immense et sacré s'échappant de ses rives
C'est là que la science y trempe en ses eaux vives,
Baptême qui vaut mieux que celui du Jourdain,
La génération qui, belle en son dédain,

Refusant son encens aux dieux des Tuileries,
Ouvre sa voile aux vents des saintes rêveries,
Brises de l'Espérance, ardent souffle inconnu
Qui pousse où l'homme encor n'est jamais parvenu.
Et pourtant on essaie en ces jeunes poitrines
D'infiltrer le poison de perfides doctrines.
L'agent universel c'est la corruption ;
On croit par le pouvoir tenter l'ambition ;
Sur les bords de la coupe on répand l'ambroisie ;
Par d'obliques chemins, sentiers d'hypocrisie,
On veut faire passer tous ces adolescents
Afin qu'ils soient plus tard de meilleurs courtisans.

Avec les lois mêler le culte et les hosties,
Les universités avec les sacristies ;
S'ameuter et crier contre tout professeur
Qui ne peut pas citer quel est son confesseur ;
A sa guise arranger la morale éternelle ;
Soustraire au genre humain l'âme passionnelle ;
Pour assurer l'empire à la crédulité
Eriger en vertu toute passivité ;
Ne pas vouloir qu'on rie à cette comédie
Où des œuvres de Dieu l'on fait la parodie,
Comme si l'on pouvait perdre le sens commun
Au point de ne pas voir le masque de chacun ;
Assiéger la croyance avec la catapulte
Qu'on sait faire mouvoir au profit de son culte ;
Comme un sable au désert semer les millions ;
Tenter d'émasculer les grands peuples-lions ;
Et lorsque des Césars grandit l'omnipotence
Tenir l'esprit public en dure pénitence ; .
Enfin donner raison à des abus constants,
En Europe voilà les vrais signes des temps.

Des pères de famille, hélas ! faut-il le dire,
Atteints par l'air impur que partout l'on respire,
Ne donnant plus accès qu'aux projets vaniteux
Incitent leurs enfants à des marchés honteux.
Ils aiment à les voir, âpres à la curée,
Disputer un emploi, sinécure assurée,
Dussent-ils en chassant ce précieux gibier
S'enfoncer jusqu'au cou dans le royal bourbier.

Des femmes qui n'ont foi que dans l'apocalypse
Et la thaumaturgie et pour qui toute éclipse
Vaut mieux que le plus pur rayon de vérité,
Transmettent à leur tour à leur postérité
Toujours mêmes leçons de semblables chimères,
Offrant comme divin, inconscientes mères,
Un philtre empoisonné fait de leur propre main
Qui détruit le cerveau dans l'organisme humain.

Mais quand la main du temps au siècle met des rides
Et qu'un souffle de mort fait des déserts arides,
Dieu qui ne veut pas voir périr la liberté,
Fait germer dans le sein de notre humanité
La fleur mystérieuse aux trois brillantes flammes
Qu'on voit s'épanouir dans les plus jeunes âmes.
Ellé a nom l'espérance et malgré les tyrans
Elle éclot dans la nuit des règnes expirants.
Pour soulever le monde un levier d'Archimède
Est mis entre nos mains et chacun le possède ;
C'est le droit éternel, sceptre de la raison,
Sacré civilement sans mystique oraison.
Déja vingt fois la force a saccagé le monde
Versant du sang humain la semence inféconde
Et toujours lorsqu'elle eût tout glacé de stupeur
D'elle-même à la fin on vit qu'elle avait peur.
La grande souveraine aujourd'hui c'est l'idée ;
Quoiqu'errante et proscrite elle a, comme Medée,
De l'inflexible moi la virtualité
Et plus haut que les rois plane avec majesté.

Il incombe un devoir en ces temps de marasme
A qui n'a pas perdu tout noble enthousiasme
Et qui de ces bas-fonds plutôt que d'approcher
Comme l'aigle aime mieux vivre seul au rocher.
Donc que tous ceux encor qui gardent dans leur âme
L'ardent foyer du bien et la divine flamme
Où s'épure au creuset, sous un souffle moral,
Tout élément impur du grand corps social,
Luttant pour échapper aux jours de décadence,
Aux miasmes malsains que le siècle condense,
Que céux-là pour aider au principe nouveau
Exhortent la jeunesse en lui criant : Bravo !

Quant aux petits-crevés, nourris dans la mollesse,
Que le parti romain séduit et mène en lesse
Sans qu'ils songent jamais à l'ombre de Calas,
Orgueilleux, en montant sur leurs hauts échalas
Ils sont si près du ciel et si loin de ce monde
Que le bruit souterrain du cratère qui gronde
Ne les avertit pas de leur témérité
A jouer près du feu du volcan agité.
A l'arbre féodal, sans sève et sans racine,
Bien que pour l'arroser plus d'une main s'incline,
Il ne poussera plus d'assez puissants rameaux
Pour y pendre les corps de rébelles vassaux.
Ces beaux fils que l'on forme au fond d'un gynécée
En haine de l'état, par horreur du lycée,
Impropres par nature aux sévères débats,
Aux luttes de pensée, aux civiques combats,
Mais disciples soumis aux plus gothiques rites,
Ce sont de petits saints vivant en sybarites.
Pour ne pas fatiguer ces êtres énervés
On les réputera des savants achevés
S'ils connaissent un peu la race chevaline
Ou s'ils savent pincer la douce mandoline ;
Car la philosophie à ces tempéraments
Sans nul doute offrirait de trop lourds aliments.

Vous avez vu peut-être une épave qui flotte
Ne pouvant résister au vent qui la ballotte
Et que le gouffre amer finit par engloutir ;
Eh bien ! pour eux on peut même sort pressentir.
Débris du moyen âge ils ne sont qu'une épave,
Et ce monde nouveau que leur vanité brave,
Océan insensible à leurs plaintifs regrets,
Fera passer sur eux ses grands flots du progrès.

Mais détournons nos yeux des races qui sont mortes
Et des malheureux serfs qui formaient leurs escortes ;
Regardons le rayon qui blanchit l'orient,
Et la noble déesse au regard souriant
Qui vient nous apporter dans un pli de sa robe
Ce qu'un pouvoir parfois pour un temps nous dérobe,
Mais qu'on ne peut toujours frustrer à l'être humain :
La Charte proclamant tout peuple souverain.

Par l'âge il m'appartient (sorte de droit d'aînesse
Légitime en ce cas) de dire à la jeunesse
Assise aux mêmes cours où je me suis assis :
« Garde ta noble ardeur au milieu des soucis,
« Des obstacles sans nombre et des rages dévotes,
« Et n'applaudis jamais qu'aux progressistes votes ;
« En plaçant la science avant le sentiment
« Fais du devoir le dieu de ton beau firmament ;
« Entoure de respect la toge doctorale
« Et redoute toujours l'hermine épiscopale ;
« Car de l'instruction on ferme les canaux
« Lorsque le pouvoir tombe aux mains des cardinaux.
« Donc puisqu'autour de nous la ligue se resserre,
« Aux sentiers du progrès il devient nécessaire
« Que les jeunes damnés montent sur les talons
« Des vieux saints qui voudraient marcher à reculons.
« Pour répondre aux écarts d'une haine insensée
« Presse-toi plus compacte autour du docte Sée,
« De l'illustre savant qui le scapel en main
« A jeté l'épouvante au Vatican romain,
« Et tu verras un jour ces trois grandes lumières,
« Symboliques rayons de vérités premières :
« La *Fraternité* née avec l'*Égalité*
« Et pour les protéger, leur sœur, la *Liberté*. »

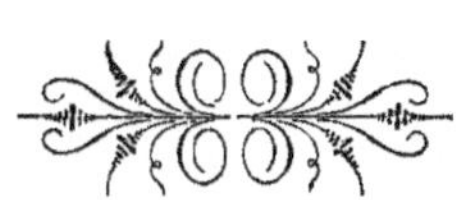

ROBERT DUTERTRE.